Must Know Sea Turtles Story for Children

Have you seen the heartbreaking viral video of the sea turtle with a plastic straw stuck in his nose? Sea turtles are endangered. This is a direct result of pollution, habitat loss, climate change and fishing.

Another danger to sea turtles comes from marine debris, especially plastics that are mistaken for jellyfish, and abandoned fishing nets that can entangle them. When sea turtles ingest plastic, it can clog their intestines and cause lethal internal bleeding.

The moment turtles hatch on the beach, they are already endangered by plastic. Turtles have to find the ocean on their own, and on their passage from land to sea, they encounter a lot of plastic. Some even get trapped in the plastic and die from hunger or intense exposure to heat.

The amount of plastic in our beach and oceans is growing everyday. They fill up about 80% of the total pollution. Plastic waste is causing havoc on marine food ecosystems. It is found in the guts of more than 90% of seabirds, and in the stomachs of over half of the world's sea turtles. Plastic waste is also tangling up whales, sharks, and other marine mammals, causing them to choke and die.

This burgeoning environmental health epidemic spanning across the food chain will affect all organisms, including people. Before Earth

becomes completely saturated with plastic, we must unify and mobilize as stewards of the planet to halt this spread. It's everyone's responsibility to try and save the planet. We can start by reducing wastes and using eco-friendly products.

People can't live where sea turtles can't live. There is only one Earth, and all living things are linked by inseparable rings.

What should we do to save sea turtles on the brink of extinction?

Children need to learn how important it is to together with sea turtles. This book is an excellent way to start that education.

In the Text

1. *What are sea turtles?*
2. *Life of sea turtles*
3. *Endangered sea turtles*
4. *The symbiotic relationship between humans and sea turtles*
5. *Let's care for sea turtles!*

바다거북 코에
빨대가 꽂혀 있습니다

풀과바람 환경생각 15

바다거북 코에 빨대가 꽂혀 있습니다
Must Know Sea Turtles Story for Children

1판 1쇄 | 2021년 3월 9일
1판 7쇄 | 2024년 2월 29일

글 | 김황
그림 | 이리

펴낸이 | 박현진
펴낸곳 | (주)풀과바람
주소 | 경기도 파주시 회동길 329(서패동, 파주출판도시)
전화 | 031) 955-9655~6
팩스 | 031) 955-9657
출판등록 | 2000년 4월 24일 제20-328호
블로그 | blog.naver.com/grassandwind
이메일 | grassandwind@hanmail.net

편집 | 이영란
디자인 | 박기준
마케팅 | 이승민

값 12,000원
ISBN 978-89-8389-890-6 73490

※잘못 만들어진 책은 구입처에서 바꾸어 드립니다.

제품명 바다거북 코에 빨대가 꽂혀 있습니다 | **제조자명** (주)풀과바람 | **제조국명** 대한민국
전화번호 031)955-9655~6 | **주소** 경기도 파주시 회동길 329
제조년월 2024년 2월 29일 | **사용 연령** 8세 이상
KC마크는 이 제품이 공통안전기준에 적합하였음을 의미합니다.

⚠ **주의**

어린이가 책 모서리에
다치지 않게 주의하세요.

바다거북 코에
빨대가 꽂혀 있습니다

김황 · 글 ｜ 이리 · 그림

풀과바람

머리글

　여러분은 바다거북을 본 적이 있나요? 아마 수족관에서 만나 본 친구가 있을 거예요. 바다를 유유히 헤엄치는 바다거북은 아주 아름다운데, 바다에서 만나는 건 쉬운 일이 아닙니다.

　그러나 그들과 만날 방법이 있어요. 바다거북들이 알을 낳기 위해 올라오는 모래사장에서 기다리는 거지요. 바다거북은 자기가 태어난 고향 바다로 돌아오는 본능이 있거든요. 산란하는 시기에 그곳에 가면 만날 수 있지요. 단, 만날 수 있는 건 모두 암컷이에요.

　바다거북은 우리 바다로 찾아오지만, 아쉽게도 지금은 우리나라 모래사장에서는 알을 낳지 않아요. 2007년 제주도를 마지막으로 우리나라에서 바다거북의 산란은 없답니다.

　나는 일본에 살아요. 일본에서는 바다거북 3종이 산란을 위해 모래사장으로 올라와요. 그중에서도 북태평양의 붉은바다거북은 지금은 일본이 유일한 산란지예요.

　붉은바다거북은 일본에서 태어난 뒤 태평양을 1만 킬로미터나 이동해 미국, 멕시코 연안으로 가서 수십 년을 지낸 뒤, 후손을 남기기 위해 다시 1만 킬로미터를 헤엄쳐 고향 바다인 일본으로 돌아와요. 그리고 암컷이 육지로 올라가 알을 낳지요.

그런데 바다거북은 알을 낳을 때면 눈에서 눈물이 흘러요.

긴 이동 때문에 힘들어서 그럴까요? 무사히 알을 낳은 기쁨 때문일까요? 사실 눈물이 아니에요. 눈 바로 옆에 있는 염류선이란 기관에서 불필요한 염분을 내보내고 있는 거죠. 그것이 마치 눈물을 흘리는 듯 보이는 겁니다.

하지만 나는 그 눈물이 진짜 눈물로 보여요. 인간의 자연 파괴로 알을 낳는 모래사장이 줄어들고 있고, 그물에 걸려 바다에서 죽기도 하고, 먹이와 헷갈리는 플라스틱 쓰레기는 늘고 있어요. 심지어는 코에 빨대가 꽂힌 바다거북까지…….

인간 때문에 멸종 위기에 놓인 바다거북. 정말 울고 있지 않을까요?

혹시 우리나라에서 이제 알을 낳지 않으니까 바다거북을 위해 우리가 할 수 있는 일은 없다고 생각하나요? 아니에요. 최근 연구 결과에 따르면, 우리 바다가 바다거북에 아주 중요한 바다라는 것이 과학적으로 밝혀졌어요. 알을 낳는 모래사장 못지않게요! 우리에게는 세계적 멸종 위기 야생 동물을 지켜야 할 사명이 있답니다.

우리 바다가 왜 중요한지 이해하려면 바다거북이란 생물에 대해 우선 자세히 알아야 해요. 그럼 어서 바다거북을 만나러 가요!

김황

차례

바다거북은 어떤 동물일까?

거북의 분류

'거북'을 생각하면 어떤 모습이 떠오르나요? 등딱지가 있는 동물? 행동이 느릿느릿한 느림보? 아주 오래 사는 동물?

모두 맞아요! 지구에서 등딱지가 있는 동물은 거북류밖에 없어요. 거북은 파충류인데, 등딱지를 가진 점에서 뱀이나 악어 등의 다른 파충류와 구별되지요.

단단한 등딱지로 적의 공격을 막을 수 있는 거북들은 빨리 도망갈 필요가 없어서 행동이 느려요. 천천히 움직이다 보니 생명을 유지하는 몸의 활동도 느려서 오래 살고요. 거북 중에는 무려 200년이나 사는 종도 있답니다.

현재 지구에 사는 거북은 12과 240여 종이 알려졌으며, 한국에서는 붉은바다거북, 남생이, 자라 등이 살고 있어요.

거북은 사는 곳에 따라 세 가지로 나뉘어요. 코끼리거북과 같이 육지에서 사는 '육지거북', 붉은귀거북처럼 늪에서 사는 '늪거북', 그리고 붉은바다거북과 같이 바다에서 사는 '바다거북'이 있지요.

바다 생활에 알맞은 몸으로 진화한 바다거북

그런데 바다거북은 육지거북이나 늪거북과는 다른 특징이 있어요. 어디가 어떻게 다른 걸까요?

바다거북   늪거북

거북의 등딱지는 거의 갈비뼈로 되어 있어요. 적을 만나면 목이나 다리, 꼬리를 등딱지로 움츠리거나 숨겨서 자기 몸을 지켜내지요. 등딱지가 있는 생물은 세상에 오로지 거북류뿐이라 이것이 거북의 가장 큰 특징인데도, 바다거북은 그러지 못해요.

여러분은 물속에서 걸어 본 적이 있나요? 앞으로 가려고 해도 걷기 어려웠을 거예요. 그건 물의 저항 때문이지요. 바다거북은 이 저항을 줄이려고 등딱지가 작고 가볍게 진화해서, 목이나 다리, 꼬리를 등딱지 속으로 움츠러들이거나 숨기지 못하게 되었어요.

바다거북은 다리 모양도 달라요. 육지거북의 다리에는 발가락이 있

고, 늪거북의 발가락 사이에는 물갈퀴가 있어요. 반면 바다거북의 다리
는 배를 나아가게 젓는 '노'같이 생겼어요. 바다거북은 적을 만났을 때
등딱지로 자신을 지키면서 적이 가기를 가만히 기다리는 게 아니라, 재
빨리 헤엄쳐 도망가는 길을 택한 거지요.

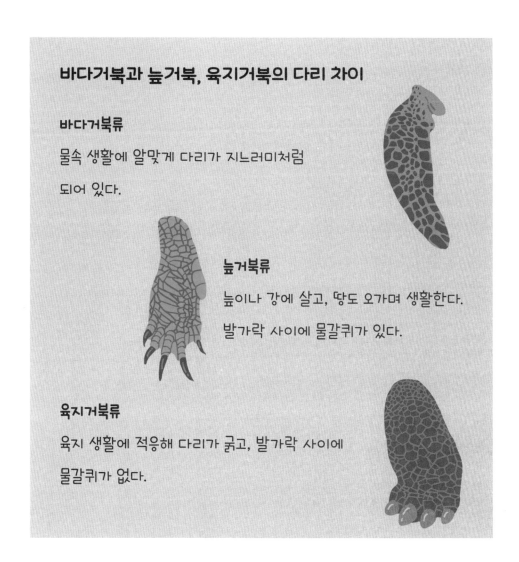

바다거북과 늪거북, 육지거북의 다리 차이

바다거북류

물속 생활에 알맞게 다리가 지느러미처럼
되어 있다.

늪거북류

늪이나 강에 살고, 땅도 오가며 생활한다.
발가락 사이에 물갈퀴가 있다.

육지거북류

육지 생활에 적응해 다리가 굵고, 발가락 사이에
물갈퀴가 없다.

바다거북은 앞다리를 마치 새가 날갯짓하듯이 움직여 헤엄쳐요. 가장 빨리 헤엄치는 장수거북은 시속 30킬로미터로 헤엄칠 수 있어요. 이건 100미터를 12초에 달리는 것과 같답니다. 정말 빠르죠? 그러니 바다거북은 느림보가 아니에요. 단 보통은 사람이 걷는 정도의 속도로 천천히 헤엄쳐요.

이렇게 바다거북은 오랜 세월에 걸쳐 바다 생활에 알맞은 몸으로 진화해 온 겁니다.

앞에서 200년 정도 산다고 한 건 육지거북인 코끼리거북인데, 바다거북이 얼마나 사는지는 아직 명확히 밝혀지지 않았어요. 하지만 붉은 바다거북은 알을 낳을 수 있게 되는 데 30년 정도 걸린다는 조사 결과에 비추어 볼 때 70~100년 정도 사는 것 같아요. 바다거북 역시 오래 사는 동물입니다.

바다거북은 7종

현재 바다거북은 7종이 있어요. 붉은바다거북, 푸른바다거북, 매부리바다거북, 올리브각시바다거북, 켐프각시바다거북, 납작등바다거북, 장수거북이에요.

이 중 켐프각시바다거북은 멕시코만을 중심으로 한 북대서양에만 살고, 납작등바다거북은 오스트레일리아 북부 바다에서만 살아요. 다른 5종은 태평양, 대서양, 인도양에 걸친 세계의 따뜻한 바다에 널리 살아요.

가장 큰 종은 장수거북이며 1988년에 영국에서 발견된 수컷 장수거북은 등딱지 길이가 2미터 56센티미터, 몸무게가 1톤 가까이 되었어요.

7종 모두 국제적 멸종 위기 종인데, 그중에서도 매부리바다거북, 켐프각시바다거북, 장수거북의 멸종 위험이 더욱더 크답니다.

학자에 따라서는 푸른바다거북을 쏙 빼닮은 검은바다거북을 포함하여 바다거북을 8종으로 분류하기도 해요. 그러면 바다거북들을 자세히 소개할게요.

붉은바다거북

- 등딱지 길이 70~100센티미터.
- 등딱지 색은 붉은빛을 많이 띤 갈색.
- 다른 바다거북보다 머리가 크고 목이
  길다.

■ 분포 ■ 주요 산란지

푸른바다거북

- 등딱지 길이 80~110센티미터.
- 등딱지 색은 녹색을 띤 검은색.
- 살 지방이 녹색이어서 붙여진 이름.
- 다른 종보다 머리는 작고 등딱지는
  둥그스름하다.

■ 분포 ■ 주요 산란지

매부리바다거북

- 등딱지 길이 60~80센티미터.
- 등딱지는 노란색 바탕에 갈색의 무늬가 있어서 아름답다.
- 등딱지들이 기왓장처럼 서로 포개져 있어 가장자리가 톱니 모양이다.
- 매부리처럼 부리가 뾰족하며 산호초 바다에 산다.

🔲 분포 ◼ 주요 산란지

올리브각시바다거북

- 등딱지 길이 60~70센티미터.
- 등딱지 색은 올리브색.
- 바다거북 중 비늘판의 수가 가장 많다.
- 가장 작은 종이며 머리가 크다.
- 여럿이 모여 알을 낳는다.

🔲 분포 ◼ 주요 산란지

켐프각시바다거북

- 등딱지 길이 60~70센티미터.
- 등딱지 색은 올리브색이며 정사각형에 가까운 모양.
- 올리브각시바다거북보다 비늘판 수는 적다.
- 올리브각시바다거북과 함께 가장 작은 종이며, 마찬가지로 여럿이 모여 알을 낳는다.

■ 분포　■ 주요 산란지

납작등바다거북

- 등딱지 길이 80~110센티미터.
- 등딱지 색은 회색을 띤 올리브색.
- 등딱지 높이가 낮고 가장 납작하다. 그래서 납작등이란 이름을 갖게 되었다.
- 등딱지 가장자리가 약간 위로 휘어져 올라가 있는 모양.
- 산란하는 알 수는 적지만, 알 크기는 가장 크다.

■ 분포　■ 주요 산란지

장수거북

- 등딱지 길이 130~160센티미터.
- 몸빛은 어두운 회색이나 검은색에 흰 점이 있다.
- 거북류 중 가장 크기가 큰 종.
- 다른 바다거북과 달리 등딱지에는 비늘판이 없고 피부로 덮여 있으며, 7개의 세로줄이 튀어나와 있다.
- 바다거북 중에서 가장 빨리 헤엄치며 차가운 바다에서도 산다.
- 1000미터 넘게 잠수할 수 있다.
- 장수거북의 '장수'는 오래 산다는 뜻이 아니라, 군사를 거느리는 우두머리를 뜻한다.

■ 분포　■ 주요 산란지

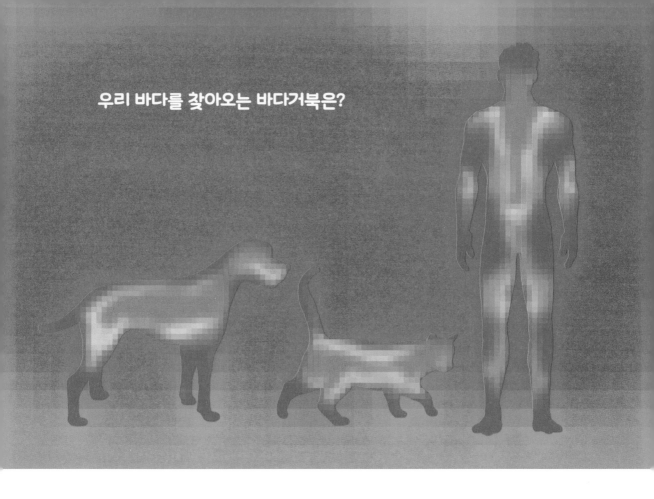

우리 바다를 찾아오는 바다거북은?

바다거북은 기본적으로는 따뜻한 바다에서 살아요. 따뜻한 바다에 살아야 하는 건 바로 거북이 파충류이기 때문이에요. 왜 그럴까요?

인간과 개, 고양이 같은 포유류는 체온을 항상 일정한 온도로 유지할 수 있어요. 인간이라면 37도 정도로요. 추우면 자기 몸에서 열을 만들어 몸의 온도를 올리고 더우면 땀을 내어서 온도를 내리지요.

그런데 바다거북이나 뱀 같은 파충류는 자신의 체온을 스스로 조절하지 못해요. 주변 온도가 오르내리면 체온도 그에 따라 오르내려요.

차가운 바다에서는 체온이 내려가 움직이기 어렵고 몸이 약해져요. 그

러니 바다거북은 계절에 따라 수온 변화가 적은, 일 년 내내 따뜻한 바다가 좋아 그곳에서 살아요.

그런데 장수거북만은 포유류처럼 체온을 유지할 수 있는 특별한 능력이 있어서 북극에 가까운 차가운 바다나 수심 1000미터를 넘는 깊은 곳에도 갈 수가 있어요.

바다거북은 수온 변화가 없는 바다를 좋아하지만, 그렇다고 체온 조절만 되면 모든 게 해결되는 건 아니에요. 좋아하는 먹이를 먹거나 짝을 만나려면 이동해야 하고, 산란 때는 알을 낳는 모래사장까지 이동

20

해야 하니까요. 그래서 계절에 따라 온도 변화가 있는 먼바다에도 찾아가므로 수온이 올라가는 계절이 되면 우리 바다에 온답니다.

그럼 우리 바다를 찾는 바다거북은 누구일까요?

붉은바다거북, 푸른바다거북, 장수거북, 매부리바다거북, 올리브각시바다거북. 이렇게 5종이에요. 이 중 붉은바다거북과 푸른바다거북은 자주 오지만 장수거북, 매부리바다거북, 올리브각시바다거북의 출현은 드물지요.

아쉽게도 지금은 우리나라에서 알을 낳는 바다거북이 없어요. 2007년에 제주도 중문 색달 해수욕장에서 붉은바다거북이 알을 낳았는데, 그것이 우리나라에서의 마지막 산란 기록으로 남아 있답니다.

2 바다거북의 찬란한 한살이

바다거북의 먹이

바다거북은 무엇을 먹을까요? 수족관에서 기르는 붉은바다거북, 푸른바다거북에게는 전갱이나 오징어, 대구 등을 줍니다. 그리고 식물성 영양을 보충하기 위해 배추 같은 채소를 준답니다.

그럼 야생에서도 바다거북은 물고기를 잡아먹을까요? 사실 야생에서는 우리가 생각하지도 못한 것들을 먹고 있어요.

붉은바다거북과 올리브각시바다거북은 야생에서 조개, 게, 새우 등 동물성 먹이를 먹어요. 붉은바다거북과 올리브각시바다거북은 '머리가 크다'라고 한 것 기억하나요? 그건 딱딱한 껍데기가 있는 먹이를 먹기 위해 턱이 발달한 결과예요. 붉은바다거북은 때로는 해파리나 해조류도 먹는답니다.

푸른바다거북은 바다에서 나는 식물(해초나 해조류)을 주로 먹는데, 먹이가 부족하면 해파리 같은 동물성 먹이를 먹기도 해요. 주로 식물을 먹는 점이 놀랍죠? 야생에서는 사실 물고기를 잘 먹지 않아요. 그러므로 수족관에서 기를 때 배추를 주는 거예요.

소처럼 풀을 먹어서인지 푸른바다거북 고기는 아주 맛있대요. 그래서 인간이 오랫동안 먹어 왔는데, 고기 지방의 색이 녹색이어서 푸른바다거북이란 이름이 붙여졌어요.

매부리처럼 부리가 뾰족하며 산호초 바다에 사는 매부리바다거북은 산호에 붙은 해면이란 스펀지처럼 생긴 생물을 즐겨 먹어요. 이들이 해면을 먹어 주니 산호는 안심하고 살 수 있지요. 만약 매부리바다거북이 없어지면 해면이 지나치게 불어나 산호의 성장에도 나쁜 영향을 줄 거예요.

이제 매부리바다거북의 부리가 매처럼 생긴 까닭을 알겠죠? 산호초 틈에 붙은 해면을 먹기 쉽게 부리가 진화한 거예요.

장수거북은 주로 해파리를 먹어요. 그래서 입이 해파리를 먹는데 알맞은 갈고랑이 모양이에요. 그런데 해파리가 주식인 이들이 바다에 뜨는 비닐봉지를 해파리로 착각하고 먹는 일이 많아 큰 문제가 되고 있지요.

이처럼 바다거북에는 동물을 먹는 종도 있고, 식물을 먹는 종도 있어서 먹이는 다양해요. 7종 바다거북 모두 이빨이 없어요. 입이나 턱의 피부가 단단해져 이빨을 대신하는데, 먹이에 알맞게 입이나 턱 모양이 서로 다르게 진화했답니다.

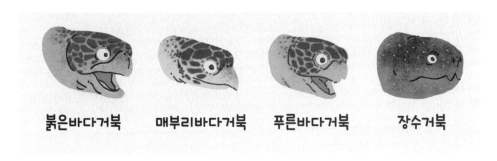

붉은바다거북　　　매부리바다거북　　　푸른바다거북　　　장수거북

2억 년이 넘는 거북의 역사

　그러면 바다거북들은 왜 서로 다른 것을 먹게 되었을까요? 그 수수 께끼를 푸는 열쇠는 2억 년이 넘는 거북의 역사에 있어요. 바다거북과 같은 파충류인 공룡을 예로 들어서 파충류가 어떻게 탄생했는지부터 알려 줄게요.

　지금으로부터 3억 년 전 지구로 거슬러 올라갑니다. 3억 년 전은 날 씨가 아주 따뜻하고 습기도 제법 있었어요. 꽃을 피우는 식물은 아직 없고, 고사리 같은 양치식물이 무성하며, 그 주변에는 어류에서 진화 한 양서류가 살고 있었지요.

그런데 그 뒤 1000만 년쯤 지나자, 비가 내리지 않아 지구는 점점 메 말라갔어요. 그즈음 물가에서 살던 양서류 가운데 건조한 기후에 강한 생물이 나타났어요. 양서류와 파충류의 중간 형태로 도마뱀 같은 모습을 한 동물은 피부가 각질의 표피로 덮여 있어 몸속 수분이 밖으로 빠져나가지 않아 메마른 곳에서도 살 수 있었죠.

다시 6000만 년의 세월이 흐르는 사이에 여러 파충류가 나타났는데, 약 2억 5000만 년 전에는 최초의 공룡이 나타났다고 해요.

그리고 약 2억 2000만 년 전에 거북의 조상인 '오돈토켈리스'가 나타났어요. 이들은 등딱지 없이 배딱지만 있고, 이빨 있는 몸길이 약 35센티미터의 거북이었어요.

그로부터 약 1000만 년 뒤에는 완전한 등딱지를 가진 오늘날 모습의 거북이 나타났어요. 학명이 '최초의 거북'이란 뜻을 가진 '프로가노켈리스'는 목과 꼬리 등이 단단한 가시로 둘러싸여 있었고, 넓고 평평한 등딱지를 가졌답니다.

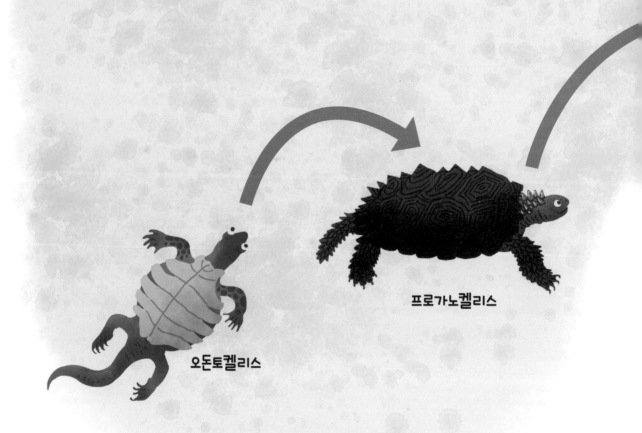

프로가노켈리스

오돈토켈리스

산타나켈리스

아르켈론

바다거북의 조상이 나타난 건 지금으로부터 약 1억 1000만 년 전이에요. 가장 오래된 바다거북 '산타나켈리스'는 몸길이가 20센티미터 정도로 작았으나, 오늘날 바다거북처럼 다리가 노 모양이었어요.

약 7500만 년 전에 살았던 '아르켈론'은 몸길이 4미터, 무게는 2톤에 달할 정도로 거대한 거북이었어요. 지느러미 같은 앞발로 노를 젓듯 헤엄쳤고, 입은 새의 부리를 닮아 삐죽하고 앞으로 휘어져 있었답니다.

지구에서 공룡이 사라진 시기는 약 6600만 년 전으로 추측되고 있으니, 바다거북은 공룡이 살던 시기에 나타난 거예요. 공룡은 멸종했으나, 바다거북은 살아남았어요. 물론 사라진 바다거북도 많이 있으나, 현재 7종이 남았죠.

오늘날 7종 바다거북은 크기는 조금 달라도 모습은 거의 같아요. 만약 모두 똑같은 먹이를 먹었다면 어떻게 되었을까요? 살아남기 위해 더욱더 경쟁해야 하니까 많은 종이 멸종했을 거예요. 바다거북은 서로 다른 먹이를 먹으며 경쟁을 피했답니다.

그런데 조개, 게, 새우 등을 똑같이 주식으로 하는 붉은바다거북과 올리브각시바다거북이 있어요. 다행히 올리브각시바다거북은 적도 근처에서 살고, 붉은바다거북은 적도로부터 떨어져 살며 경쟁을 피했어요. 산란지도 북반구에서는 일본이 주요 산란지, 남반구에서는 오스트레일리아가 주요 산란지가 되었습니다.

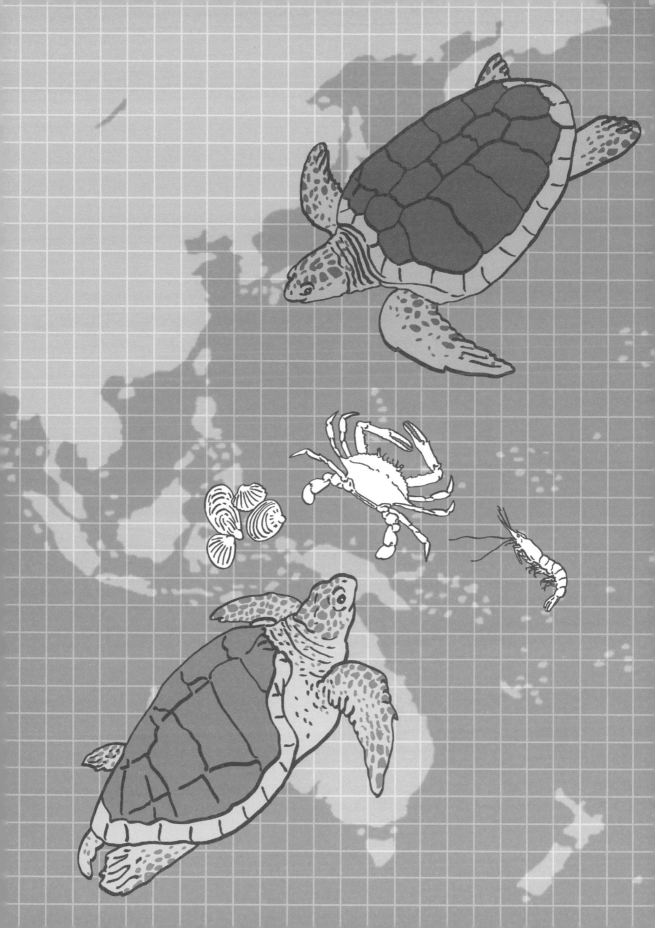

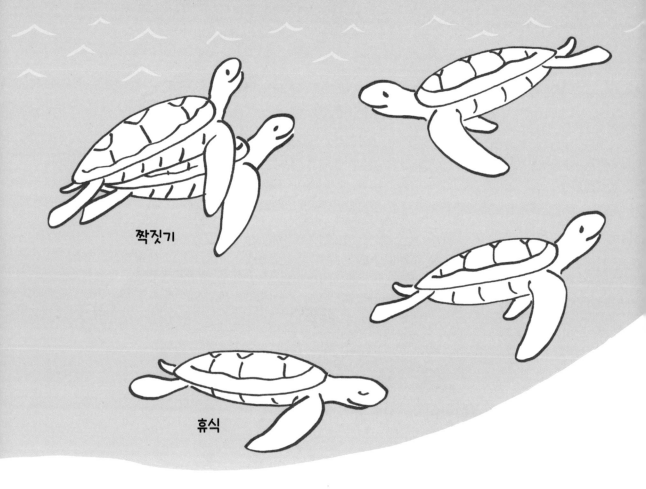

짝짓기

휴식

상란

상륙

왜 육지에서 알을 낳을까?

바다거북은 일생을 바다에서 지내는데, 왜 바다가 아니라 육지에서 알을 낳을까요?

물가에서 사는 양서류 중에서 건조한 육지에서도 생활할 수 있는 능력을 갖춘 파충류가 나타났다는 이야기는 앞에서도 했죠?

바다에 살지만 바다거북은 파충류예요. 물속 산소를 이용하는 물고기와는 달리 공기에 있는 산소를 이용해요. 사실 파충류 알은 껍데기를 통해 호흡해요. 그러니 물속이 아니라 꼭 육지에서 알을 낳아야 하는 거예요.

우리나라 바다에도 찾아오는 북태평양 붉은바다거북은 일본이 유일한 산란지예요. 아시아 대륙 연안에는 '구로시오'라 불리는 아주 큰 해류가 흐르고 있어요. 폭이 큰 곳에서는 30킬로미터, 깊은 곳에서는 700미터나 되는 이 해류는 따뜻해요.

스스로 체온을 유지하지 못하는 바다거북이지만, 이 따뜻한 해류를 이용하면 수온이 올라가는 봄에서 여름에 걸쳐 일본 모래사장으로 가서 알을 낳을 수 있어요. 그래서 과거에는 우리나라에서도 알을 낳았고요.

번식기가 되면 산란지 난바다에 우선 수컷이 모여요. 암컷이 도착하면 짝이 될 상대를 얻으려고 수컷끼리 거칠게 싸워요. 서로 물거나 부딪치거나 노 닮은 다리로 때리지요.

승리한 수컷은 암컷과 난바다에서 짝짓기해요. 수컷은 짝짓기를 마치면 어디론가 가 버리지만, 암컷은 모래사장으로 올라가 알을 낳아요. 암컷이 알을 낳을 수 있는 나이는 종에 따라 달라요. 붉은바다거북은 13~47세, 푸른바다거북은 19~40세 이상, 매부리바다거북은 20~30세, 올리브각시바다거북은 13세 전후, 켐프각시바다거북은 11~16세, 장수거북은 이르면 5~6세이며 평균 13~14세랍니다.

바다거북의 눈물

암컷은 주변이 어두워지는 밤이 되어야 모래사장으로 올라와요. 산란이 다 끝날 때까지는 1~2시간이 걸려요. 한여름 낮에 오랫동안 모래사장에 있는 것은 뜨거운 햇볕 때문에 위험해요. 반면 밤은 시원하고, 어둠에 몸을 숨길 수 있어 적으로부터 안전하죠.

캄캄한 밤보다는 달빛이 밝은 밤에 더 잘 올라오는데, 바다거북은 눈이 아주 좋아서 달빛만 있어도 충분히 멀리까지 보여요. 그런데 경계심이 높아 약간 다른 빛이 보이거나 사람의 움직임이 느껴지면 바다로 돌아가 버려요.

암컷이 알을 낳는 곳은 만조가 되어도 파도가 닿지 않는 곳이에요. 만약 알이 젖으면 호흡을 하지 못하거든요. 암컷은 알 낳을 곳을 조심스레 살펴요.

알 낳을 곳이 정해지면 우선 자기 몸이 메워지는 정도 깊이까지 앞다리를 이용해서 구덩이를 파요. 그다음 뒷다리로 알을 낳기 위한 지름 약 20센티미터, 깊이 50~60센티미터쯤의 구덩이를 파요. 구덩이에 지름 약 4센티미터의 알을 한 번에 약 100개 낳아요.

이때 암컷은 눈물을 흘려요. 달빛을 받아 반짝반짝 빛이 나서 눈물로 보이지만, 사실 눈물이 아니라 필요 없는 염분이에요. 바다거북은 물속에서 먹이와 함께 바닷물을 먹어요. 그래서 필요 없는 염분을 눈 바로 옆에 있는 염류선으로 늘 내보내고 있어요. 육지에 올라오니 물속과 달리 눈에 띌 뿐 보통 일이에요.

암컷은 알을 다 낳으면 뒷다리를 써서 모래를 모아 다시 구덩이를 메운 뒤 바다로 돌아가요. 암컷은 약 2주마다 산란을 되풀이해요. 붉은바다거북 암컷은 산란기에 평균 3번쯤(1~6번) 알을 낳아요.

그런데 암컷은 알을 낳는 동안 거의 먹이를 먹지 않아요. 먹이 먹는 곳까지 가기에 멀고, 가령 먹을 수 있다 해도 배 안에는 알이 가득 차 있어서 먹는 데에 한계가 있어요.

산란은 생명을 탄생시키는 중대한 일이자 힘겨운 일이에요. 그래서인지 바다거북은 2~3년에 한 번씩 알을 낳는답니다.

바다거북의 산란 과정

❸ 앞다리로 몸집에 알맞은 구덩이 파기

❷ 알 낳을 곳 찾기

❹ 뒷다리로 알 낳을 구덩이 파기

❺ 알 낳기

❻ 알 낳은 구덩이 메우기

38

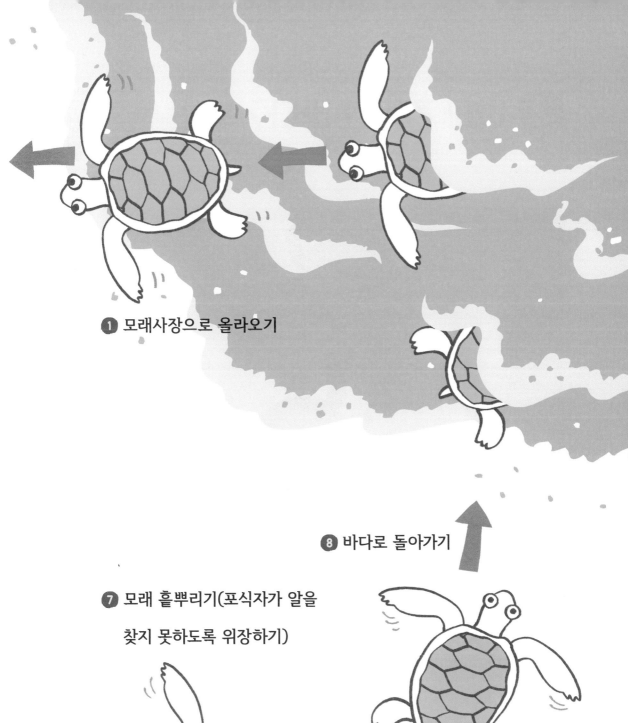

❶ 모래사장으로 올라오기

❽ 바다로 돌아가기

❼ 모래 흩뿌리기(포식자가 알을

찾지 못하도록 위장하기)

39

③ 바다 환경과 바다거북

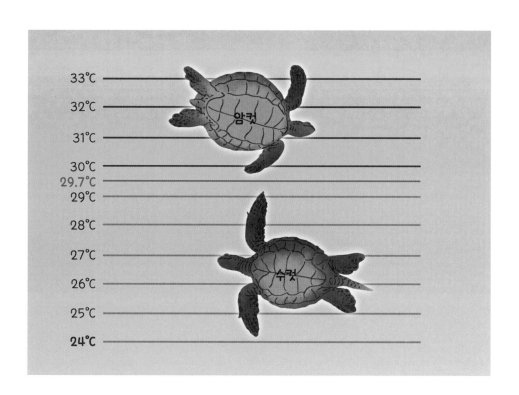

암수 결정은 모래 온도

혹시 바다거북의 엄마는 알을 그냥 모래에 두고 가 버리는 거냐고 걱정하진 않았나요?

새들은 알을 품지만, 파충류는 품지 않아요. 바다거북의 알을 품는 건 모래입니다. 그런데 이때 모래 온도에 따라 암수가 결정된답니다!

알에서 새끼가 태어날 때까지, 이 기간 3분의 1에서 3분의 2 정도의 모래 온도에 따라서죠. 바다거북 말고도 거북은 알이 부화할 때 주변의 온도에 따라 암수가 결정돼요.

과학자들은 오랜 연구 끝에 암수를 가르는 온도를 알아냈어요. 모든 종이 대략 29도 정도예요. 붉은바다거북은 29.7도일 때 암수의 수가 같아요. 가령 100개 알이 있다면 29.7도일 때 암컷이 50마리, 수컷이 50마리 정도 태어난다는 거지요.

이 온도는 종에 따라 다르며, 푸른바다거북은 28.8도 정도예요. 또한 같은 종이라도 지역에 따라 달라요. 예를 들어 미국의 붉은바다거북은 29.2도이지요.

알 주변 온도, 즉 모래 온도가 29.7도보다 높거나 낮으면 어떻게 될까요? 모래 온도가 그보다 높으면 암컷이, 그보다 낮으면 수컷이 훨씬 많이 태어나요.

그러므로 지구 기온이 높아지는 온난화는 큰 문제예요. 온난화가 심해지고 모래 온도가 계속 높아지면 어떻게 될까요? 암컷만 자꾸 태어나고 수컷이 아주 적어질 수 있어요. 이 문제는 뒤의 5장에서 더욱 자세히 이야기할게요.

모래 온도에 따라 조금씩 다르지만, 새끼가 알껍데기를 깨고 밖으로 나오는 데는 붉은바다거북의 경우 약 두 달(45~75일)이 걸려요.

새끼를 기다리는 첫 시련

약 60센티미터 깊이 구덩이 속 알에서 갓 나온 새끼들은 모래 속에서 바르작거려요. 그러고는 약 일주일 뒤 조금씩 모래 위까지 올라가요. 구덩이 바깥으로 나간 새끼 바다거북의 몸길이는 약 6센티미터, 몸무게는 20그램 정도예요.

새끼들은 밤이 되면 일제히 바다를 향해요. 밤에 움직이는 건 여름의 뜨거운 태양을 피하고, 낮보다 밤에 적들이 적기 때문이죠. 구덩이에서 나가지 못하고 죽는 새끼도 있어요.

밤에 움직이는 또 다른 이유는 바다 방향을 알기 위해서예요. 우리는 몸높이가 있어 대부분 땅에서 1미터 이상 높은 곳에서 주변을 볼 수 있으니 한눈에 바다를 알 수 있어요. 그런데 새끼 바다거북들은 거의 모래사장과 같은 눈높이이므로 어느 쪽이 바다인지 알 수 없어요. 자연에서 밤은 육지보다 바다가 밝아요. 새끼들은 밝은 쪽이 바다라는 걸 본능적으로 알고 바다로 향하죠.

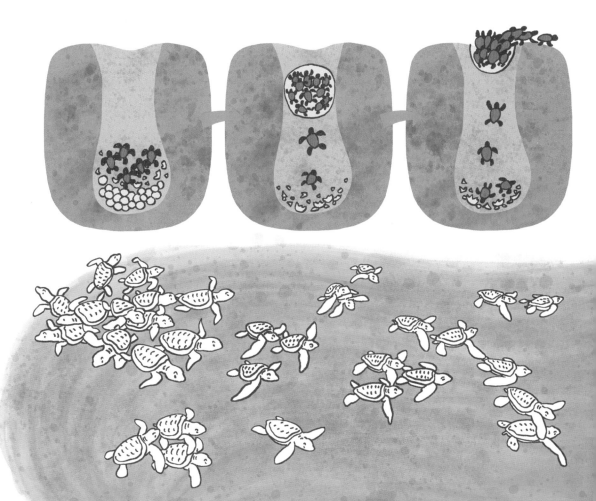

구덩이에서 나온 새끼들은 일제히 쏜살같이 달려요. 그건 새끼들에게 첫 시련이 기다리기 때문이에요. 모래사장에는 갓 태어난 새끼를 먹으려고 들개, 여우, 족제비, 게, 갈매기 등의 적들이 기다리고 있으니까요.

한 마리씩 가는 게 아니라 새끼들이 동시에 움직이는 것도 한 마리라도 더 많이 살아남기 위한 작전이에요. 누군가가 잡히는 때를 틈타 누군가는 바다에 도착하지요.

새끼는 작아도 바다거북이니 물속에 들어가기만 하면 능숙하게 헤엄칠 수 있어요. 그렇지만 바닷속에도 적이 있어요. 큰 물고기나 상어 등이 새끼를 먹거든요. 다 자라면 빨리 헤엄치거나 깊은 곳으로 도망갈 수 있는데, 갓 태어난 새끼는 바다 위를 그냥 떠다니거나 해류를 탈 수밖에 없지요.

새끼 바다거북이 다 자란 어른이 되는 확률은 5000분의 1로, 가령 5000마리 새끼가 태어난다면 그중 무사히 어른이 되는 거북이 단 한 마리라는 거예요!

태평양 2만 킬로미터 대이동

　　다행히 살아남은 새끼 바다거북들은 노처럼 생긴 앞다리를 열심히 움직여 천적이 많은 연안을 떠나 난바다로 나가요. 플랑크톤을 먹거나 떠 있는 해조류 속 작은 게나 새우 등을 먹고 자라요. 그런데 붉은바다거북 새끼들은 어디로 갈까요?

지금으로부터 약 30년 전인 1990년 중반의 일이에요. 미국과 멕시코의 연구원들은 캘리포니아 난바다에 등딱지가 40~70센티미터의 어린 바다거북만 있고, 그보다 크거나 작은 바다거북이 보이지 않는 이유가 궁금했어요. 미국과 멕시코의 태평양 쪽에는 이들의 산란지가 없으니까요. 이 어린 바다거북들이 어디서 오고, 크면 어디로 가는지 너무나 궁금했지요.

'이들이 저 멀리 1만 킬로미터를 헤엄쳐 온 건 아닐까?'

그러던 어느 날, 일본에서 부화한 뒤 1년간 기르다가 표지(標識)를 붙이고 방류한 거북 가운데 한 마리가 캘리포니아 난바다에서 발견되었어요. 또 멕시코 연구원이 표지를 붙이고 방류한 바다거북이 1년 4개월 뒤 일본에서 발견되었죠.

'맞아! 이들은 역시 저 멀리 태평양을 헤엄쳐 캘리포니아까지 오고, 다시 일본으로 가는 거야!'

이로써 연구원들의 가설이 옳다는 것이 과학적으로 증명되었어요.

바다거북은 자기가 태어난 고향 바다로 돌아온다고 이야기했죠? 다 자라서 30세 정도 된 바다거북들은 후손을 남기기 위해 다시 1만 킬로미터를 이동해서 일본까지 가는 겁니다.

그들의 대이동을 간단하게 정리해 볼게요.

❶ 일본을 떠난 새끼 붉은바다거북은 구로시오 해류를 따라 캘리포니아반도 난바다에 도착(일부는 하와이 도착)해요.

❷ 그곳에서 붉은 게 등의 먹이를 먹고 자라요.

❸ 다 자라 서른 정도 된 붉은바다거북은(하와이에서 자란 바다거북들도) 다시 태평양을 횡단하여 고향 바다로 향해요.

❹ 일본으로 돌아온 붉은바다거북이 다시 미국이나 멕시코로 떠나는 일은 없어요(하와이로도).

이렇게 새끼나 어린 거북의 생태까지 잘 연구된 건 붉은바다거북뿐이에요. 바다거북은 아직 모르는 게 많은 신기한 생물이지요?

❶ 새끼 붉은바다거북의 이동 경로

구로시오 해류

북적도 해류

❸ 성장한 붉은바다거북의 회유 경로

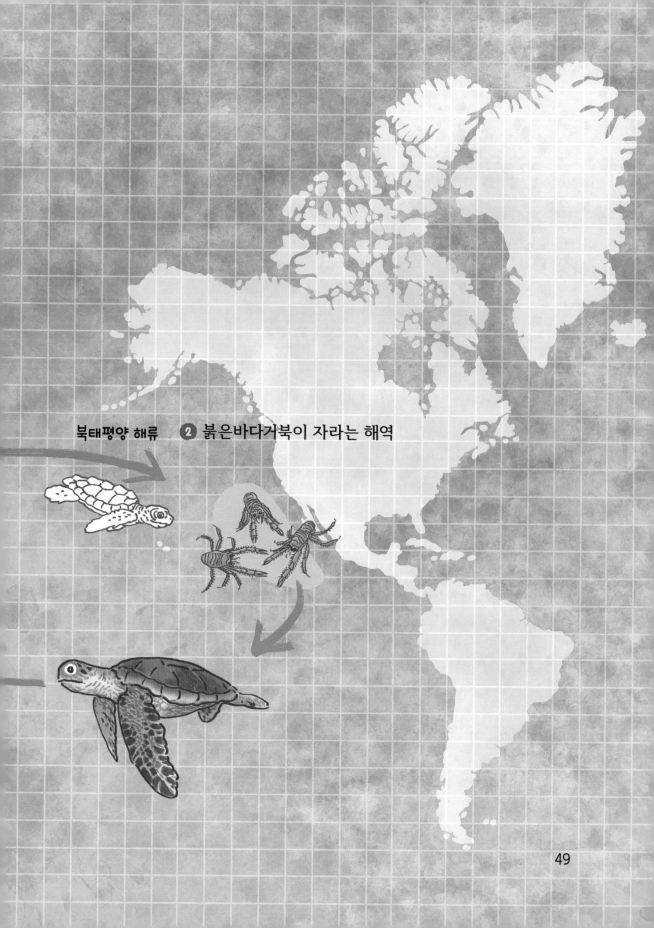

북태평양 해류 ② 붉은바다거북이 자라는 해역

우리 바다와 동중국해의 중요성

붉은바다거북의 널따란 이동 경로를 알게 되었지만, 연구원들의 궁금증은 이어졌어요. 붉은바다거북 중에는 서른 살이 되기 전, 더 일찍 고향 바다로 떠나는 거북들이 있었거든요. 그들은 어디에 있는 걸까요? 그리고 짝짓기를 마친 수컷이나 알을 낳은 암컷은 어디로 가는 걸까요?

과거에는 표지를 붙인 바다거북을 다시 잡아야 간신히 이동 경로를 알 수 있었어요. 하지만 넓고 넓은 바다에서 그들을 다시 잡는 건 여간 어려운 일이 아니에요. 운 좋게 다시 잡아도 사람이 놓아준 지점과 잡은 지점 두 곳밖에 모르잖아요. 발견될 때까지 바다거북이 그동안 어디를 다녔는지 구체적으로 알 수 없었지요.

그러나 최근, 기술의 발전에 따라 인공위성으로 그들의 이동을 조사할 수 있게 되었어요. 연구원들은 산란을 마친 암컷 바다거북의 등에 신호를 보내는 발신기를 붙여서 다시 바다로 돌려보냈어요.

그 덕분에 놀라운 사실들이 발견되었어요. 많은 붉은바다거북이 우리나라 남해, 서해나 동중국해로 가고 있었어요! 붉은바다거북의 80%는 남해와 서해, 동중국해에서 먹이 활동을 하고, 나머지 20%는 태평양을 돌아다니면서 먹이 활동을 했어요.

앞에서 말했듯 이들의 주식은 조개, 게, 새우 등인데, 남해와 서해,

동중국해는 얕은 바다라 이들의 먹이가 아주 풍부해요. 따라서 먹이 활동을 하기에 안성맞춤인 장소랍니다.

암컷은 먹이를 거의 먹지 않고 약 2주일마다 산란을 되풀이해요. 그건 자신의 목숨을 걸어야 할 정도로 엄청난 일이에요. 지칠 대로 지친 암컷들이 다시 원기를 회복하는 바다가 바로 우리 바다인 거죠!

바다거북은 암수의 먹이 활동이 크게 차이 나지 않아요. 수컷도 우리 바다에서 먹이 활동을 하고 있고, 다 자라지 않은 암컷도 우리 바다로 오지요.

이제 붉은바다거북에게 우리 바다가 알을 낳는 모래사장 못지않게 아주 중요한 바다라는 것을 잘 알겠죠?

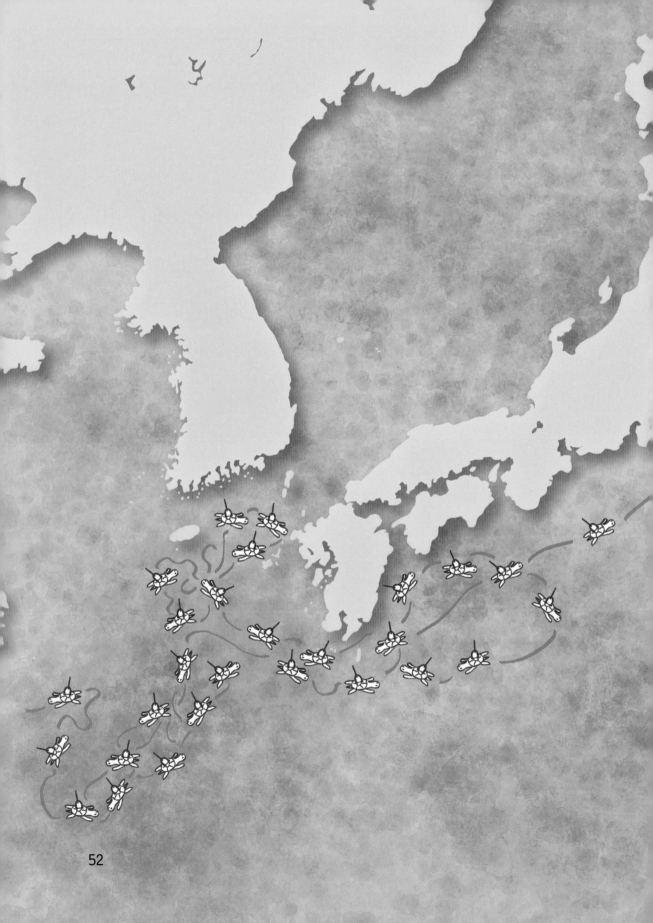

4 바다거북과 인간

사람을 구한 바다거북

바다거북이 바다에 빠져서 행방불명된 사람을 구했다는 믿기 어려운 이야기가 있어요. 놀랍게도 첫 이야기의 주인공은 한국인 선원이에요!

지금으로부터 50여 년 전인 1969년 여름, 한국인 김정남 씨는 미국으로 향하는 외국 원양 화물선의 선원이었어요. 배가 남아메리카의 니카라과 연안에서 182킬로미터 떨어진 곳을 가던 때, 깊은 밤 간판에 나갔다가 잘못해 그는 바다에 빠져 버렸어요.

그는 13시간이나 바다를 필사적으로 헤엄쳐 버텼으나, 곧 기력을 잃고 죽음을 각오했어요. 바로 그때 갑자기 바닷속에서 바다거북 하나가 쑥 나타나 다가왔어요. 김정남 씨는 바다거북을 한쪽 팔로 껴안고 다시 헤엄을 시작했답니다.

바다거북 등에 탄 지 2시간이 지나갔을 때 다행히 스웨덴 시타델호가 보여 그는 살려달라고 열심히 손을 흔들었어요. 스웨덴 선원이 그를 발견하자, 그는 바다거북에게 고맙다고 인사하고 배를 향해 헤엄쳤어요. 그러자 바다거북은 물속으로 사라졌답니다.

김정남 씨는 자신이 살아남을 수 있었던 것은 예전에 자기 아버지가 바다거북을 살려 준 덕분이라고 생각했어요. 옛날부터 우리 어민들은 바다거북을 '용왕의 사자'라 여기고 그물에 걸려 잡히거나 바닷가로 올라오면 함부로 대하지 않고 술을 한잔 먹인 뒤에 바다로 되돌려 보내는 풍습이 있었거든요.

거북과 관련한 우리 문화를 잠깐 살펴보면, 거북은 십장생 중 하나로 꼽혀요. 십장생은 건강하고 오래 살기를 기원하며 꼽는 열 가지 상징물로 해, 산, 물, 돌, 구름, 소나무, 불로초, 거북, 학, 사슴이 있어요.

그런 이유로 거북은 각종 조형물이나 왕실의 도장 등에 많이 쓰였어요. 2017년 유네스코 세계 기록 유산에 등재된 '조선 왕실 어보'가 대표적이지요.

'어보'는 조선 시대부터 대한 제국 때까지 약 500년 동안 왕과 왕후의 덕을 기리는 칭호를 올릴 때나 왕비·세자·세자빈을 책봉할 때 만든 의례용 도장이에요. 국왕과 왕실의 권위를 상징하는 역사성과 진귀함 덕분에 유네스코 세계 기록 유산으로 등재되었답니다. 조선 시대 어보 330여 점의 손잡이 대부분이 거북 모양으로 조각되어 있다고 해요.

1974년 여름 필리핀에서도 바다거북이 사람을 구했어요. 민다나오섬
에서 가장 큰 도시인 삼보앙가에는 중요한 무역 항구가 있어요. 거기서
많은 손님을 태운 배에 불이 나 배가 침몰했어요.

배에 탔던 손님 중 한 여성이 행방불명되어 많은 사람이 바다 위를
수색했어요. 그러나 좀처럼 찾을 수 없어 모두 걱정했지요.

다행히 이튿날, 수색하던 중 바다거북에 의지하여 바다에 떠 있던 여성이 발견되어 무사히 구할 수 있었어요.

바다거북이 사람을 구한 두 이야기 모두 실제로 있었던 일이에요.

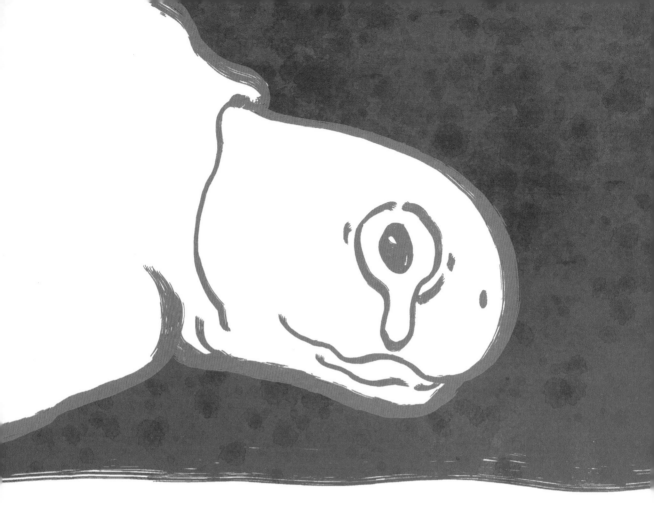

먹을거리 바다거북

그런데 인간은 사실 오랫동안 먹을거리로 바다거북을 먹어 왔어요.
이탈리아의 탐험가 콜럼버스가 아메리카를 발견한 대항해 시대가 열
리면서 푸른바다거북의 수난이 시작되었어요.

배를 이용한 항해는 신선한 식량을 확보하는 게 늘 문젯거리예요. 오랜 항해 동안에 식량이 썩어 버리니까요. 그런데 바다거북은 비교적 오래 살려놓을 수 있어서 뱃사람들에게는 편리한 식품이었어요.

처음엔 뱃사람들이 항해하는 동안에 부족한 식료품을 보충하기 위해 먹었는데, 푸른바다거북 고기 맛이 제법 맛있다는 소문이 퍼지자, 푸른바다거북을 마구 잡는 사람들이 생겼어요.

콜럼버스가 발견한 카리브해의 케이맨 제도(영국령)에는 배에 걸리지 않을까 걱정할 만큼 푸른바다거북이 많았다고 해요. 영국 사람들은 조직적으로 푸른바다거북을 잡아 유럽으로 가져갔어요. 17세기부터 18세기에 걸쳐 해마다 1만 3천 마리의 푸른바다거북이 포획된 결과, 그곳에서 알을 낳는 바다거북은 거의 사라지고 말았답니다.

바다거북의 알도 종과 관계없이 오랫동안 인간이 먹었어요. 장수거북은 차가운 바다나 깊은 곳에도 갈 수 있는 특별한 능력을 갖춘 가장 큰 바다거북이에요. 이 종이 줄어든 데는 여러 까닭이 있으나, 알 문제가 가장 커요.

코스타리카의 국립 공원에서는 20년간에 걸쳐 90%의 알이 훔쳐졌고, 인도네시아에서는 야생화된 돼지가 장수거북의 알을 다 먹어 치워서 큰 문제가 되었어요.

공예품 바다거북

바다거북은 먹거리뿐만 아니라, 가죽이나 등딱지가 공예품으로도 이용되었어요. 특히 매부리바다거북의 등딱지는 매우 아름다워 세계 곳곳에서 보석으로 소중히 여겨졌어요. 고대 이집트 시대부터 거래되어 먼 나라에까지 운반되었죠.

세계적인 미녀로 알려진 고대 이집트의 클레오파트라가 쓰던 욕조가

매부리바다거북 등딱지로 만든 것이었다는 설도 있답니다.

매부리바다거북의 등딱지와 배딱지를 '대모갑'이라고도 하는데, 대모갑으로 만들어진 빗이나 안경이 비싼 값에 거래되고 있어요. 일본은 대모갑 세공으로 유명한 나라인데, 1950년에서 1992년 동안에 총량이 200만 마리에 해당할 만큼 수입했다는 기록이 남아 있어요. 장식품이나 공예품 때문에 엄청나게 많은 매부리바다거북이 죽임을 당했다는 거지요.

혼획 사고를 없애라

인간이 바다거북이나 바다거북의 알 먹는 것을 막으면 바다거북의 수가 회복될까요? 그것만으로는 바다거북의 죽음을 막지 못해요.

1970년대 이후 미국 남부에서는 붉은바다거북과 켐프각시바다거북의 사체가 많이 발견되어 큰 문제가 되었어요. 많을 때에는 사체가 5만 마리나 달할 정도로 아주 심각했어요.

이들이 죽은 이유는 무엇일까요? 연구원들이 바다거북을 해부해서 내장을 살펴보아도 특별히 문제가 되는 건 없었고, 위나 식도에는 아직 소화되지 않은 먹이가 남아 있었어요. 그건 죽기 직전까지 정상적인 상태였다는 뜻이지요.

미국 연구원들은 바다거북이 익사한 것은 아닐까 의심하고 조사를 시작했어요. 익사란 물속에서 숨을 못 쉬고 빠져 죽는 걸 말해요. 능숙하게 헤엄치는 바다거북이 왜 물속에서 숨을 쉬지 못했을까요?

곧 그 원인이 새우를 잡는 그물이란 사실이 밝혀졌어요. 붉은바다거북과 켐프각시바다거북의 주식은 조개, 게, 새우 등으로, 이들은 미국이나 멕시코 바다에서는 붉은 게를 즐겨 먹어요.

새우를 잡을 때는 바다 바닥에 펼친 그물을 배가 수평 방향으로 끌고 다니는 '트롤 어법'으로 잡아요. 이때 바다거북들이 바다 바닥에 사는 생물을 먹고 있다가 새우와 함께 혼획되어 숨을 못 쉬고 죽었던 거예요. 특정 물고기를 잡으려고 친 그물에 다른 종류의 물고기가 함께 잡히는 것을 '혼획'이라고 해요.

세계 자연 보호 기금(WWF)에 따르면, 전 세계 어획량 가운데 40%가 혼획에 의한 것이며, 이 중 대부분이 다시 죽은 채로 바다에 버려진다고 해요. 1980년대에는 해마다 5000~50000마리의 붉은바다거북과 500~5000마리의 켐프각시바다거북이 새우잡이 배 그물에 걸려 죽은 것으로 파악되었어요.

바다거북을 혼획 사고에서 구할 수는 없을까요? 1987년에 획기적인 움직임이 있었어요. 미국이 바다거북 탈출 장치가 붙은 'TED'라 불리는 그물을 개발하여 새우잡이에는 이걸 꼭 써야 한다고 규제한 거예요. 그 결과 죽는 바다거북은 절반으로 줄었고, 특히 켐프각시바다거북은 기적적으로 그 수가 회복되고 있답니다.

그물 안에 뚜껑이
열리는 구조물을 설치해
바다거북이 스스로 탈출할 수
있도록 개발한 특수 장치 테드(TED)

산란하는 모래사장의 감소

바다거북이 멸종 위기에서 벗어나자면 다음 세대를 더 많이 낳는 게 아주 중요해요. 그런데 알을 낳는 모래사장 역시 줄어들고 있어요.

건물을 지을 때 쓰는 콘크리트는 시멘트에 모래와 자갈을 섞은 거예요. 그 모래는 대부분 강과 바다에서 채취해요. 댐을 만들면 강에서 바다로 흘러오는 모래가 줄어들고 모래사장에 모래가 공급되지 않아 결국 모래사장이 축소돼요.

당연히 연안의 개발에 의해서도 모래사장이 사라져요. 이처럼 바다거북들이 알을 낳는 모래사장이 근대에 들어서면서 급속히 줄어들고 있어요.

앞에서 지금은 일본이 북태평양 붉은바다거북의 유일한 산란지라고 이야기했는데, 과거 따뜻한 일본 본토 서남쪽에는 많은 산란지가 있었어요. 그런데 산란하는 모래사장은 줄어들고, 알을 낳아도 부화하지 않는 모래사장이 늘어났어요.

그래서인지 최근에는 규슈 남쪽의 외딴섬인 야쿠시마에서 산란하는 일이 많아지고 있어요. 그것도 섬 북서부의 3개 모래사장에 집중되었어요. 그러고는 어느새 북태평양 붉은바다거북의 무려 50%가 여기로 찾아오게 되어 버렸죠.

모래사장의 변화

댐이 생기기 전

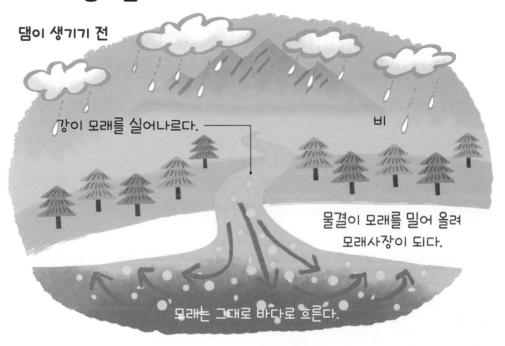

강이 모래를 실어나르다.

비

물결이 모래를 밀어 올려 모래사장이 되다.

모래는 그대로 바다로 흐른다.

모래사장이 줄어든 이유

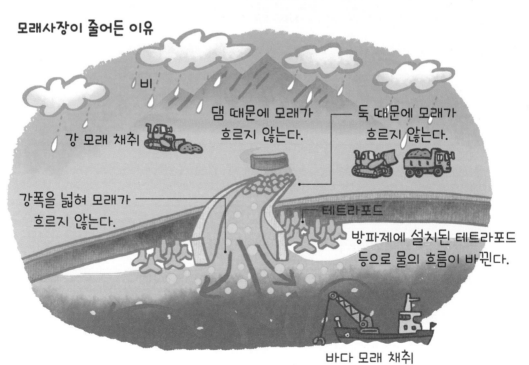

비

강 모래 채취

댐 때문에 모래가 흐르지 않는다.

둑 때문에 모래가 흐르지 않는다.

강폭을 넓혀 모래가 흐르지 않는다.

테트라포드

방파제에 설치된 테트라포드 등으로 물의 흐름이 바뀐다.

바다 모래 채취

　바다거북이 고향 바다로 돌아온다고 해서 딱 자기가 태어난 모래사
장으로 돌아오는 게 아니라, 그 근처의 바다(수십에서 100킬로미터)로
돌아오는 거예요.

　　야쿠시마는 비교적 안전한 산란지였는데, 이 섬이 1993년 세계 자연 유산에 등록된 뒤 세계 각국에서 많은 관광객이 찾아오고 있어요. 규칙을 지키지 않는 일부 관광객들이 모래사장으로 올라오는 바다거북의 산란을 방해하거나, 알이 메워진 모래사장을 걷거나 해서 문제가 많아요. 그래서 이곳의 부화율이 점점 낮아지고 있어요.

온난화와 플라스틱 쓰레기

지구 기온이 높아지는 온난화 문제도 바다거북에 영향을 주고 있어요. 바다거북의 암수가 모래 온도에 의해 결정된다는 이야기 기억하죠?

붉은바다거북은 29.7도보다 모래 온도가 높으면 암컷이 태어날 확률이 높고 낮으면 수컷이 태어날 확률이 높아요.

연구원들은 바닷물의 온도 상승도 바다거북의 암수 결정에 영향을 미칠 거로 예측했어요. 2018년에는 실제로 그 예측을 과학적으로 증명한 조사 결과가 발표되어 많은 사람이 놀랐답니다.

오스트레일리아의 대보초(그레이트배리어리프)는 세계에서 가장 큰 산호초 군락이에요. 동시에 태평양에서 가장 크고 중요한 푸른바다거북의 번식지예요. 이들은 여기서 주식인 해초나 해조류를 먹고 근처 모래사장에서 알을 낳아요. 연구원들은 이 바다에 사는 바다거북을 잡아서 암컷과 수컷의 비율을 조사해 보았어요.

처음 연구원들은 지구 온난화의 영향은 있어도 아직 암수 비율은 거의 같거나 암컷이 약간 많을 거로 생각했어요. 그런데 실제로는 암컷이 116마리에 비해 수컷은 1마리뿐이었어요. 다시 말해 99%가 암컷이라는 놀라운 결과가 나왔죠.

이는 우리의 생각보다도 훨씬, 더 빨리 지구 온난화가 야생 동물에 영향을 미치고 있는 거예요. 온난화 말고도 해안가 숲을 베어 버리면

그늘이 줄어들고 모래사장의 온도가 올라가요. 아니, 모래 온도가 지나
치게 높으면 알 자체가 부화하지 못해 새끼가 태어나지 않아요.

플라스틱 쓰레기 문제 또한 심각합니다. 연간 약 800만 톤의 플라스틱 쓰레기가 바다로 흘러들고 있어요. 과학자들은 바다 플라스틱 쓰레기에 관한 대책을 마련하지 않는다면 2050년에는 바다 플라스틱 쓰레기의 양(무게)이 바다에 사는 물고기의 양(무게)을 넘는다고 경고하고 있어요.

몇 년 전 코에 빨대가 꽂힌 채 발견된 바다거북의 동영상이 세상에 충격을 주었어요. 중앙아메리카 코스타리카 난바다에서 한 연구원이 올리브각시바다거북 코에 박힌 빨대를 제거해 주는 영상이지요.

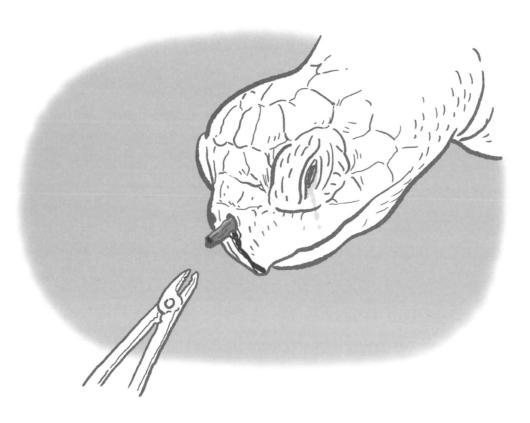

피를 많이 흘려 바다거북이 고통스러워하는 모습에 많은 사람이 가슴 아파했어요. 7종 바다거북 중에서도 붉은바다거북, 푸른바다거북, 장수거북 사체에서 플라스틱 쓰레기가 발견되는 일이 많다고 해요. 플라스틱 쓰레기 때문에 이들이 죽었다고 단언할 수는 없지만, 적어도 쓰레기가 소화 기관에 큰 상처를 입힌 건 명백한 사실이에요.

그 밖에도 바다거북이 바다에 뜬 비닐봉지를 해파리와 헷갈려 먹는 것도 심각한 문제예요. 장수거북은 해파리를 주로 먹고, 붉은바다거북과 푸른바다거북도 주식이 없으면 해파리를 먹으니까요.

2018년에는 가슴 아픈 일이 있었어요. 다시 우리 바다로 돌아오기를 간절히 바라고 제주도 앞바다에서 바다거북 몇 마리를 방류했는데, 그 중 한 마리가 11일 만에 부산 연안에서 죽은 채 발견되었어요. 배 속에서는 225조각이나 되는 쓰레기가 나왔죠. 최근 2년간 죽은 채 발견된 38마리 바다거북 중 20마리에서 바다 쓰레기가 나왔다고 해요.

플라스틱 쓰레기는 바다거북의 이동에도 나쁜 영향을 줘요. 아래 그림은 해양 '쓰레기 벨트'를 나타낸 거예요. 쓰레기 벨트란 바다에 흘러나간 쓰레기가 해류를 따라 모여 마치

광대한 섬처럼 생긴 해역을 말해요.

　미국 캘리포니아주 난바다에서 하와이주 난바다에 걸친 북태평양에는 아시아나 북아메리카에서 나온 쓰레기가 모이는 '태평양 쓰레기 벨트'가 있어요. 그 면적은 우리나라의 16배나 되는 엄청난 면적이랍니다.

　3장에서 붉은바다거북의 대이동 이야기를 했죠? 그들의 이동 경로와 쓰레기 벨트가 딱 겹쳐요. 우리나라 면적의 16배가 되는 광대한 쓰레기 섬이 바다거북의 앞길을 가로막고 있어요!

바다거북을 살리는 일

바다 어딘가에서 바다거북이 정말 울고 있지 않을까요?

이제 바다거북이 멸종 위기에 놓인 사실과 그 까닭, 우리나라 바다가 알 낳는 모래사장 못지않게 아주 중요한 바다라는 것도 잘 알았을 거예요.

바다거북을 살리는 일은 세계의 바다, 그러니까 지구 환경을 지키는 일로 이어집니다. 바다거북을 지키는 일은 바로 인간을 지키는 일이기도 하고요.

최근 우리나라에서는 수족관 등에서 인공 번식에 성공한 바다거북을 사육하다가 다시 바다로 돌려보내는 일이 적극적으로 진행되고 있어요.

바다거북은 고향 바다로 돌아온다고 했지요! 2007년을 마지막으로 우리나라에서는 바다거북의 산란이 없어요. 하지만 그들이 먹이 활동을 하는 우리 바다를 더욱더 풍요롭고 건강한 바다로 잘 가꾼다면 찾아오는 바다거북이 언젠가 다시 알을 낳아 주지 않을까요?

그러기 위해서는 여러분이 빨대나 비닐봉지 등의 플라스틱 쓰레기가 바다로 내버려지지 않도록 힘써 주어야 해요. 그보다 다시는 코에 빨대가 꽂힌 바다거북이 발견되지 않도록 플라스틱 사용 줄이기에 앞장서야 하고요.

육지의 영양분이 강을 따라 바다로 가서 그 영양분이 물고기를 길러요.

바다와 숲은 이어져 있어요. 여러분이 나무를 심으면 바다가 건강해져요.

바다가 건강해야 바다거북이 찾아오지요.

　언제라도 그들이 다시 우리나라 모래사장으로 올라올 수 있도록 아름

다운 모래사장을 되찾는 데에 앞장서야 한답니다.

　여러분, 바다거북을 부탁해요!

바다거북을 위해 우리가 할 수 있는 환경 보호 활동

❶ 쓰레기 줄이기, 쓰레기 주워 분리수거

❷ 플라스틱 사용 줄이기

❸ 나무 심기, 가꾸기

❹ 걷거나 자전거와 대중교통을 이용해 이산화탄소 등 온실가스 사용 줄이기

❺ 환경 보호에 꾸준히
관심 두기

❻ 바다거북, 고래 등 구조가 필요한 해양 동물을 발견했을 때, 119
안전신고센터로 정확한 발견 위치와 동물 상태를 신고하기

바다거북 관련
상식 퀴즈 · 단어 풀이

바다거북 관련 상식 퀴즈

01 지구에서 등딱지가 있는 동물은 거북류밖에 없어요. (○, ×)

02 거북의 등딱지는 거의 갈비뼈로 되어 있어요. (○, ×)

03 늪거북의 다리는 배를 나아가게 젓는 '노'같이 생겼어요. (○, ×)

04 현재 바다거북 7종 모두 국제적 멸종 위기 종이에요. (○, ×)

05 매부리처럼 부리가 뾰족하며 산호초 바다에 사는 바다거북은 ＿＿＿＿＿＿＿ 이에요.

06 바다거북은 기본적으로는 따뜻한 바다에서 살아요. (○, ×)

07 장수거북만은 포유류처럼 체온을 유지할 수 있는 특별한 능력이 있어요.
(○, ×)

08 붉은바다거북과 올리브각시바다거북은 야생에서 조개, 게, 새우 등 동물성 먹이를 먹어요. (○, ×)

09 푸른바다거북은 고기 지방의 색이 녹색이어서 푸른바다거북이란 이름이 붙여졌어요. (○, ×)

10 바다거북은 일생을 바다에서 지내며, 바다에서 알을 낳아요. (○, ×)

11 바다거북은 물속 산소를 이용하는 물고기와는 달리 공기에 있는 산소를 이용해요. (○, ×)

12 바다거북은 물속에서 먹이와 함께 바닷물을 먹어서 필요 없는 염분을 눈 바로 옆에 있는 ＿＿＿＿＿＿으로 늘 내보내고 있어요.

13 바다거북 암컷은 알을 낳는 동안에도 먹이를 먹어요. (○, ×)

14 바다거북은 1년에 한 번씩 알을 낳아요. (○, ×)

15 거북은 알이 부화할 때 주변의 온도에 따라 암수가 결정돼요. (○, ×)

16 붉은바다거북의 알 주변 온도가 ....도일 때 암수의 수가 같아요.

17 알에서 갓 나온 바다거북 새끼들은 포식자들을 피해 한 마리씩 움직여 요. (○, ×)

18 바다거북은 암수의 먹이 활동이 크게 차이 나지 않아요. (○, ×)

19 거북은 십장생 중 하나로 꼽혀요. (○, ×)

20 거북은 각종 조형물이나 왕실의 도장 등에 많이 쓰였어요. (○, ×)

21 ....는 조선 시대부터 대한 제국 때까지 약 500년 동안 왕과 왕후 의 덕을 기리는 칭호를 올릴 때나 왕비·세자·세자빈을 책봉할 때 만든 의 례용 도장이에요.

22 이탈리아의 탐험가 콜럼버스가 아메리카를 발견한 대항해 시대가 열리 면서 푸른바다거북의 수난이 시작되었어요. (○, ×)

23 매부리바다거북의 등딱지와 배딱지를 ....이라고 해요.

24 특정 물고기를 잡으려고 친 그물에 다른 종류의 물고기가 함께 잡히는 것을 ....이라고 해요.

25 지구 기온이 높아지는 온난화 문제도 바다거북에 영향을 주고 있어요.

(○, ×)

정답
01 ○ 02 ○ 03 × 04 ○ 05 매부리바다거북 06 ○ 07 ○ 08 ○
09 ○ 10 × 11 ○ 12 염류선 13 × 14 × 15 ○ 16 29.7 17 ×
18 ○ 19 ○ 20 ○ 21 어보 22 ○ 23 대모갑 24 혼획 25 ○

바다거북 관련 단어 풀이

파충류 : 거북, 뱀, 악어와 같이 온몸이 가죽질의 비늘로 덮여 있고, 주위의 온도에 따라 체온이 변하는 동물.

진화 : 생물이 오랫동안 살아가면서 주변 환경에 적응해 몸의 구조와 생김새가 차츰 변해 가는 현상.

포유류 : 사람과 개, 코끼리와 고래 등 새끼를 낳아 젖을 먹여 키우는 동물.

해조류 : 다시마, 미역 같이 바다에서 나는 조류를 통틀어 이르는 말. 바닷말이라고도 하며 자라는 바다의 깊이와 빛깔에 따라 녹조류, 갈조류, 홍조류로 나뉨.

해초 : 바다에 나는 종자식물을 통틀어 이르는 말. 해조류와 구분하기 위해 초(草) 자를 붙이며, 거머리말 따위가 있음.

해면 : 해면동물. 오늘날 지구에 사는 다세포 동물 가운데 가장 원시적인 동물로, 갯솜동물이라고도 불림.

양치식물 : 고사리와 석송 같이 꽃이 피지 않고 홀씨로 번식하는 식물계의 한 문. 잎·줄기·뿌리의 분화가 분명하며, 물관부와 체관부의 구별이 있는 관다발이 발달되어 있음.

어류 : 척추동물 중 물속에 사는 물고기 무리. 몸은 거의 유선형이며 비늘로 덮여 있음. 지느러미와 부레가 있어 물속을 헤엄쳐 다니고 아가미로 호흡함.

양서류 : 개구리, 도롱뇽, 두꺼비와 같이 어류와 파충류의 중간으로, 땅 위 또는 물속에서 모두 생활하는 동물.

북반구 : 적도를 경계로 지구를 둘로 나누었을 때의 북쪽 부분. 전 세계 육지의 약 70%를 차지함. 북반구에는 아시아, 유럽, 북아메리카가 있으며 아프리카의 북부와 남아메리카의 일부도 포함되어 있음.

남반구 : 적도를 경계로 지구를 둘로 나누었을 때의 남쪽 부분. 바다가 차지하는 면적이 많고, 남아메리카, 아프리카의 남부, 오세아니아, 남극이 있음.

짝짓기 : 동물 따위의 암수가 짝을 이루거나, 짝이 이루어지게 하는 일. 또는 교미하는 행위.

해류 : 일정한 방향과 속도로 이동하는 바닷물의 흐름.

번식기 : 동물이 새끼를 치는 시기.

난바다 : 육지로 둘러싸이지 아니한, 뭍에서 멀리 떨어진 바다.

만조 : 밀물이 가장 높은 해면까지 꽉 차게 들어오는 현상. 또는 그런 때.

염류선 : 염류샘이라고도 하며, 바다의 연골어류, 파충류, 조류 등에 있는 소금을 분비하는 샘. 바닷물보다도 짙은 용액으로 소금을 배출함.

천적 : 생태계의 먹고 먹히는 관계에서 어떤 생물을 공격해 먹이로 삼는 생물. 예를 들어, 쥐의 천적은 뱀, 진딧물의 천적은 무당벌레.

연안 : 육지와 면한 바다·강·호수 따위의 물가.

플랑크톤 : 물속에서 물결에 따라 떠다니는 작은 생물을 통틀어 이르는 말.

표지(標識) : 표시나 특징으로 어떤 사물을 다른 것과 구별하게 함. 또는 그 표시나 특징.

동중국해 : 일본의 규슈 · 류큐 열도, 대만, 중국의 양쯔강 이남으로부터 대만

해협 이북의 중국 내륙 사이에 있는 바다. 중국해 가운데 대만 동쪽 부분의 바다로, 북은 황해, 남은 남중국해에 이어짐.

원기 : 마음과 몸의 활동력.

세계 기록 유산 : 국제 연합 교육 과학 문화 기구(유네스코)가 1995년부터 훼손되거나 소멸될 위기에 처한 기록물의 보존과 이용을 위하여 선정한, 가치 있고 귀중한 기록 유산.

콜럼버스 : 이탈리아어 이름은 크리스토포로 콜롬보. 지구가 둥글다는 것을 믿고 대서양을 서쪽으로 항해하여 쿠바, 자메이카, 도미니카와 남아메리카와 중앙아메리카에 도착함.

세공 : 잔손을 많이 들여 정밀하게 만듦. 또는 손으로 하는 비교적 간단한 공예.

세계 자연 보호 기금(WWF) : 국제적으로 야생 생물을 보호하고 연구하기 위하여 만든 기금.

세계 자연 유산 : 유네스코가 인류의 미래를 위해 보호해야 할 가치가 있다고 판단하여 지정·등재하는 자연 지역. 우리나라의 제주 화산섬과 용암 동굴 등이 등재되어 있음.

참고 자료

· 《산호초가 모두 사라지면?》, 김황, 풀과바람, 2019

· 《ウミガメの自然誌(바다거북의 자연지)》, 亀崎直樹 · 編, 東京大学出版, 2012

· 《ウミガメの旅(바다거북의 여행)》, 香原知志, ポプラ社, 1999

· 《ウミガメのなみだ(바다거북의 눈물)》, 大牟田一美, 海洋工学研究所出版部, 2011

· 《おしえてウミガメさん(가르쳐 줘, 바다거북 씨)》, おしえて編集室, ヴィッセン出版部, 2014

· <온난화로 바다거북의 99%가 암컷으로, 오스트레일리아>, 내셔널지오그래픽, 2018년 1월 10일호

· <바다거북 보호 핸드북>, 일본 환경성, 일본바다거북협의회, 2007

· <한국의 양서 · 파충류>, 심재한, 한국양서·파충류 생태·복원 연구소, 2006

· <바다거북 등 타고 살아난 김정남 씨 귀국>, 동아일보, 1969년 9월 9일호

· http://fishillust.com/Turtle_3